Krippen für die ganze Familie

Alle Jahre wieder feiern wir die Geburt Jesu Christi, und damit es auch ein Fest der Liebe, des familiären Beisammenseins und der Besinnung wird, nutzen wir die lange Zeit des Wartens, um uns auf diesen besonderen Anlass vorzubereiten. Vielerorts werden Plätzchen gebacken, Weihnachtslieder gesungen und das Zuhause festlich geschmückt. Auch das gemeinsame Krippenbasteln ist ein besinnlicher Moment.

Aus diesem Anlass zeigen wir Ihnen unsere schönsten Ideen für Weihnachtskrippen. Dabei haben wir immer auch darauf geachtet, dass Ihre Kinder mitbasteln können.

Wir wünschen Ihnen und Ihrer Familie eine fröhliche Weihnachtszeit

Kornelia Milan   Tanja Wechs

GRUND-AUSSTATTUNG

Die folgenden Werkzeuge und Hilfsmittel sollten Sie zur Hand haben; sie werden in den Materiallisten nicht mehr gesondert aufgeführt.

- Transparentpapier, Schneiderkopierpapier
- Bleistift
- Radiergummi
- UHU Alleskleber kraft
- Heißklebepistole
- Klebestreifen
- Schere (Nagelschere)
- dünner Permanentmarker in Schwarz
- Lackmalstifte in Schwarz, Weiß und Rot
- Buntstifte in verschiedenen Farben
- Laubsäge
- Schaschlikstäbchen
- Pinsel

Hinweis: Als „Rest" wird immer ein Stück bezeichnet, das maximal A5 groß ist.

So wird's gemacht

Vorlagen übertragen

Mit Transparentpapier

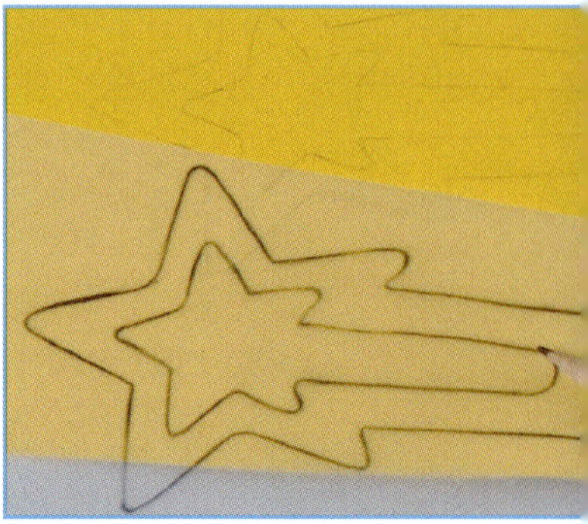

1 Das Transparentpapier auf die Vorlage legen und das Motiv mit einem weichen Bleistift übertragen. Das Transparentpapier wenden und das Motiv auf der Rückseite mit einem weichen Bleistift nachzeichnen.

2 Damit das Motiv nicht seitenverkehrt ist, das Transparentpapier wenden und auf den Fotokarton, die Wattekugel o. Ä. legen. Die Linien noch einmal mit einem harten, spitzen Bleistift nachziehen, damit sich der Bleistiftgrafit auf das Motiv überträgt. Das Transparentpapier, beim Übertragen der Gesichter auf einen runden Untergrund, kreisförmig etwas einschneiden. So passt es sich dem Untergrund besser an.

Mit Schablone

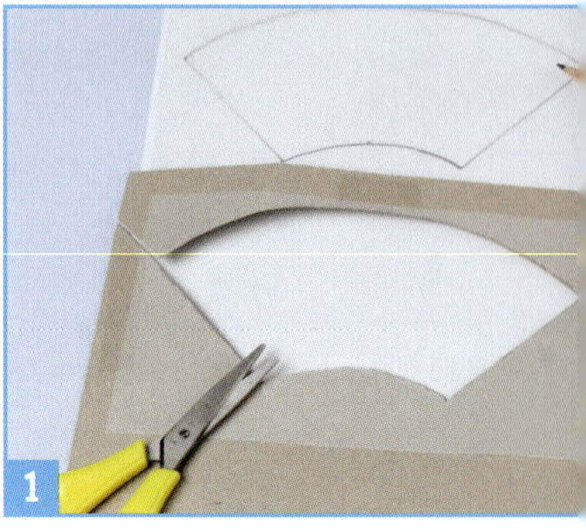
1

1 Das Transparentpapier auf die gewünschte Vorlage legen und das Motiv mit einem Bleistift übertragen. Das Transparentpapier auf dünne Pappe legen, mit Klebestreifen fixieren und das Motiv exakt ausschneiden.

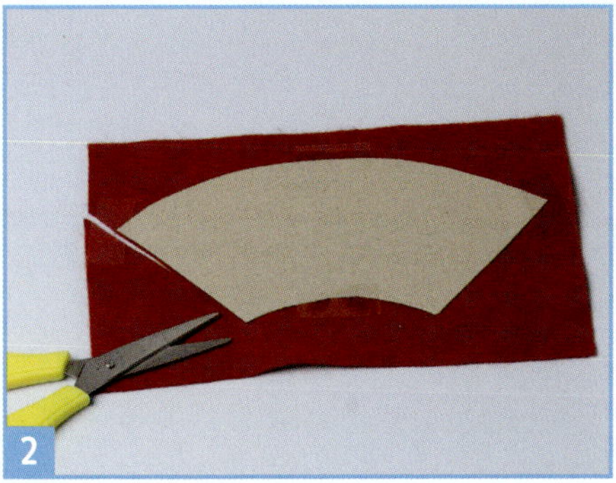

2 Die Schablonen nun auf den entsprechenden Untergrund legen, den Umriss übertragen und sorgfältig ausschneiden.

Wachsknetfiguren formen

1 Die Wachsknete zunächst etwas erwärmen, z. B. für ein paar Minuten mit einer Unterlage auf die Heizung legen oder leicht anföhnen. Die weiche Knete in der Hand weiterkneten und formen. Zunächst Kopf und Rumpf formen und beide Teile mit einem Zahnstocher zusammenstecken.

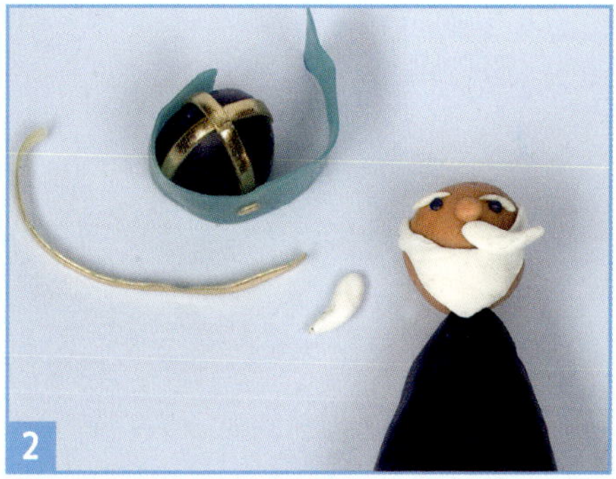

2 Den Kopf mit Augen, Nase, Mund, roten Bäckchen, Bart und Haaren bekleben. Die Kopfbedeckung teils aus Knete, teils aus Wachsplatten formen bzw. zuschneiden, mit Goldstreifen verzieren und der Figur aufkleben.

3 Den Mantel bzw. das Kopftuch (bei Josef und Maria) aus Wachsplatten zuschneiden, verzieren und der Figur aufkleben.

Tipp: Wenn Sie Weiß, etwas Orange und Rot mischen und verkneten, erhalten Sie hautfarbene Wachsknete. Aus Grün und Rot erhalten Sie die Farbe Braun.

Heilige Familie, Engel und Könige

→ aus Wachsknete

MOTIVHÖHE
ca. 10 cm

MATERIAL
- Wachsknete in Rot, Orange, Gelb, Weiß, Grün und Blau
- Wachsplatten in Rot, Türkis, Violett, Bordeaux, Grün, Blau, Braun und Rosa, je 10 cm x 5 cm
- 4 Wachszierstreifen in Gold, 3 mm breit, je 20 cm lang
- 10 Zahnstocher

VORLAGEN-BOGEN 1A

Josef, Maria, Jesuskind und Könige

Die Figuren wie auf Seite 3 beschrieben formen und bekleben. Den Körper des Jesuskindes aus einem Oval formen und mit Streifen über Kreuz bekleben. Die Krippe aus dünn ausgerollter Wachsknete formen. Die Geschenke der Könige separat formen und mit Goldstreifen verzieren. Die Hände an die Geschenke kleben und wie abgebildet an den fertigen Figuren anbringen.

Engel

Die Figuren wie auf Seite 3 beschrieben formen und bekleben. Die Flügel aus weißer Knete formen, mit Goldstreifen umkleben und an den Engelsrücken anbringen. Für die Haare des einen Engels dünne Rollen formen, mithilfe eines Schaschlikstäbchens kräuseln und nach und nach aufkleben. Die Haare des anderen Engels aus dünn ausgerollter Wachsknete zuschneiden und vorne leicht umschlagen. Die Trompete aus einem violettfarbenen Plattenstück rollen und mit Goldstreifenstücken bekleben. Das Blatt Papier aus weißer Knete formen und oben und unten leicht einrollen. Alle Teile wie abgebildet zusammen mit den Händen an den Engeln anbringen.

Schafe

Die Körper zuerst zu einem ovalen Stück formen und anschließend mit runden Kugeln bekleben. Die Köpfe separat kneten, bekleben und mit einem Zahnstocher in die Körper stecken.

Tipp: Durch das Mischen mehrerer Farben können Sie neue Farbtöne kreieren. So wird aus Weiß und etwas Orange und Rot Hautfarbe, und aus Grün und Rot wird Braun. Dazu die Knetmasse vorher etwas erwärmen.

Lustige Figurenschar

→ gelingt auch Kinderhänden

MOTIVHÖHE
ca. 9 cm

MATERIAL
- 7 Holzräder, ø 3 cm, 1 cm stark
- 6 Holzräder, ø 5,3 cm, 1 cm stark
- je 1 Holzstab, ø 4 mm und 6 mm, 4,5 cm und 45 cm lang
- 6 halbgebohrte Rohholzkugeln, ø 3 cm
- 2 halbgebohrte Rohholzkugeln, ø 1,5 cm
- Füllwatte
- Märchenwolle in Blond, Rot, Gelb und Creme
- Filzwolle in Braun und Schwarz
- Papierdraht in Weiß, Rot, Orange, Dunkelrot, Grün und Blau, ø 2 mm, ca. 20 cm lang
- Bastelfilz in Rot, Dunkelrot, Weiß, Orange, Hellgrün, Gelb, Dunkelblau, Türkis, Lila und Senf
- Acrylfarbe in Hautfarbe, Sienna gebrannt, Kastanie, Rot, Silber und Gold
- Großlochholzkugeln in Dunkelblau, Orange, Rot, Natur, Dunkelrot und Grün, 10 mm x 8 mm
- halbierte Rohholzkugel, ø 2 cm
- Golddrahtrest
- Haargummi in Silber-Orange
- Lochzange
- Bohrmaschine

VORLAGENBOGEN 1A

1 Den Holzstab (ø 6 mm) in sechs Teile mit je 7,5 cm Länge sägen. Die Bohrlöcher der großen Holzräder auf 6 mm vergrößern. Die Holzstäbe in die Holzräder stecken (Füße), das kleinere Holzrad und die Holzkugel aufstecken und so verschieben, bis ein kurzer Hals entsteht. Etwas Alleskleber in die Bohrlöcher geben und so am Hozstab trocknen lassen. Für das Jesuskind den Holzstab mit ø 4 mm in das kleine Holzrad (ø 3 cm) stecken. Für den Kopf eine Holzkugel mit ø 1,5 cm verwenden.

2 Die Köpfe und Hälse von Maria, Josef, Jesuskind, Engel und einem König in Hautfarbe bemalen. Für die beiden anderen Könige Sienna gebrannt und Kastanie verwenden. Nach dem Trocknen die Gesichter übertragen und mit Lackmalstiften bemalen.

3 Die Kleider und Kronen wie abgebildet aus Bastelfilz ausschneiden und mit bunten Bastelfilzstreifen dekorieren. Die Löcher für die Arme mit einer Lochzange ausstanzen. Den Kragen aus der gleichen Farbe wie den Filzkörper ausschneiden, in die Mitte ein ca. 6 mm großes Loch schneiden und auf den Hals setzen (dafür den Kopf noch einmal abnehmen).

4 Das große Holzrad am Rand mit Alleskleber bestreichen, das Filzkleid umlegen und festkleben. Den Körper mit Füllwatte ausstopfen und den Papierdraht durch die Löcher des Kleides fädeln. Das Filzkleid am oberen Holzradrand ankleben und den überstehenden Filz in Falten auf dem Holzrad fixieren. Zuletzt den Filzkragen als Abschluss aufkleben und das Kleid auf der Rückseite mit Alleskleber schließen. Danach die Wolle als Haare aufkleben und wie abgebildet in Form schneiden.

5 Auf jeden Papierdrahtarm eine Großlochholzkugel auffädeln und mit einem Knoten fixieren. Die überstehenden Armstücke bei Maria und Josef abschneiden, die der Könige zum Befestigen der Geschenke verwenden. Sie entstehen durch Umwickeln eines Holzstabrestes mit einem Haargummi oder etwas Wolle, durch Bemalen einer Rohholzkugel (ø 1,5 cm) mit goldener und einer halbierten Rohholzkugel (ø 2 cm) mit roter und silberner Farbe.

Zapfenfiguren

→ Weihnachten kann kommen

MOTIVHÖHE
ca. 10 cm

MATERIAL
- Fimo-Soft in Schwarz, Weiß, Sonnengelb, Pazifikblau, Indischrot, Tropischgrün, Purpurviolett, Schokobraun, Silber, Gold, Mandarin und Pflaume
- 5 Chenilledrähte in Braun, ø 5 mm, je 15 cm lang
- 5 große Kiefernzapfen
- kleiner Kiefernzapfen
- verschiedene Nüsse, wie z. B. Eicheln, Kastanien, Haselnüsse, Buchecker, Walnüsse usw. mit Schale (Kopf und Hut)
- Knoblauchpresse
- Wellholz
- Messer
- kleine, runde, gewellte Ausstecher
- Sekundenkleber

1 Für jede Figur entsprechend der Zapfengröße zwei Kugeln (Füße) aus Knete formen, diese nebeneinanderlegen und jeweils ein Zapfen so hineindrücken, dass er gerade steht. Für die Arme einen Chenilledraht um den Zapfen legen und vorne miteinander verzwirbeln.

2 Entsprechend der Zapfengröße eine Kugel aus Knete für die Halsmanschette rollen, flachdrücken, mit einem gewellten Ausstecher ausstechen und vorsichtig auf den Zapfen drücken. Einige Nüsse oder Kastanien für Kopf und Hut auswählen und jeder Figur, außer Maria, eine Hutkrempe aus Knete formen. Augen, Nase und Mund mit Lackmalstiften oder Knete wie abgebildet auf dem Nusskopf gestalten. Nur die weißen Pupillen nach dem Backen mit Lackmalstift aufmalen.

3 Für Josefs Bart schwarze Knete durch die Knoblauchpresse drücken und wie abgebildet anlegen. Für den schokobraunen Bart des Königs ein Dreieck auswellen, einschneiden und unter der Nase auflegen. Den Mantel je nach Größe des Zapfens aus Knete gestalten. Dazu aus der Masse (ca. 3–4 Rippen) einen ca. 5 mm starken Halbkreis auswellen und um die Schultern legen bzw. an der Stirn ansetzen.

4 Das Jesuskind erhält aus Knete eine Halsmanschette und die kreisrunde Fußdecke. Die Krippe aus schokobrauner Knete passend für das Jesuskind gestalten. Schokobraune und goldene Knete mischen, durch die Knoblauchpresse drücken und die Krippe damit auslegen.

5 Die drei Geschenke bestehen aus einem kleinen silbernen Rechteck mit weißer Kugel, einem Eichelhütchen mit bunten Kugeln gefüllt und einer goldenen Kugel mit mandarinfarbenem Ring. Die Geschenke auf den Chenilledraht kleben.

Tipp: Alle Figuren entsprechend der Herstellerangaben im Ofen backen. Nach dem Auskühlen können sich einige Knet-Teile gelockert haben. Diese Teile können mit Sekundenkleber wieder fixiert werden.

Steinkrippe

→ grenzenlos variabel

MOTIVHÖHE
Josef ca. 12 cm

MATERIAL
- Steine in verschiedenen Größen und Formen
- lufttrocknende Modelliermasse
- Acryllack in Hautfarbe, Rot, Gelb, Orange, Grün, Braun, Dunkelbraun, Blau, Türkis, Violett, Grau, Gold, Weiß und Schwarz

VORLAGENBOGEN 1A

Passende Steine wie abgebildet auswählen, waschen und trocknen lassen. Die Muster von der Vorlage auf die Steine übertragen und ausmalen. Modelliermasseteile formen, über Nacht trocknen lassen, mit Heißkleber auf die Steine kleben und diese bemalen. Nach dem Trocknen alle Gesichtskonturen mit schwarzem Permanentmarker nachziehen.

Maria, Josef und Jesuskind

Für Maria einen breiten, nicht zu hohen Stein aussuchen, sodass es aussieht als würde sie knien. Beide Figuren (Josef und Maria) bekommen Hände modelliert, Josef bekommt zusätzlich Füße. Die Figuren wie bei den Königen ausarbeiten. Für das Jesuskind nur einen flachen Stein bemalen und auf Moos betten.

Könige

Krone, Kronenmütze und Turban aus Modelliermasse nach Vorlage formen und zusammenfügen. Die Geschenke und Hände ebenso arbeiten. Die Füße formen und so an die Figur anpassen, dass sie gut stehen kann.

Hirte

Hut, Hände, Stock und Füße aus Modelliermasse formen und wie bei den Königen ausarbeiten.

Schafe, Esel und Ochs

Aus Modelliermasse Köpfe, Schnauzen (Esel und Ochs), Ohren und Hörner formen und die Tiere wie oben beschrieben weiterarbeiten.

Tipp: Als Krippenstall können Sie einen länglichen Brotkorb verwenden.

Die Heilige Familie

→ mit beweglichen Gliedmaßen

MOTIVHÖHE

Josef ca. 30 cm

MATERIAL MARIA, JOSEF UND JESUSKIND

- Aluminiumdraht, ø 2 mm, je große Figur ca. 1 m lang
- 2 Rollen elastische Binde in Weiß
- 2 Styroporkugeln, ø 2 cm
- Styroporkugel, ø 1 cm
- Filzwolle in Beige meliert, Naturweiß und Braun
- Feinstrumpf in Natur
- Stickgarn in Schwarz und Rot
- Filznadel
- dicke Nadel
- Futterstoff in Grün, 30 cm x 60 cm, in Blau, 22 cm x 22 cm und in Gelb, 30 cm x 60 cm
- Stickgarn in Rot und Schwarz
- Schleifenbandrest in Dunkelblau, 1 cm breit und 5 cm lang
- Flauschstoff in Naturweiß, 46 cm x 15 cm
- Wollfaden in Braun, 30 cm lang
- passender Nähfaden und Nähnadel
- Knete in Hautfarbe und Braun
- Bambusstab, ø 1 cm, 34 cm lang
- Kreppklebeband in Weiß

SCHAFE

- Fotokartonrest in Hautfarbe, 10 cm x 10 cm
- Schaschlikstäbchen, ø 5 mm
- 2 Weinkorken
- Filzwolle in Grau meliert

KRIPPE

- ovale Käseschachtel, ca. 12 cm lang
- Moos

VORLAGENBOGEN 4A+4B

Maria und Josef

1 Das Figurengerüst aus Draht nach Vorlage biegen, einzelne Stücke mit Klebeband zusammenbinden. Die Binde in ca. 1,5 cm breite Streifen der Länge nach zuschneiden, und das Drahtgerüst 1–1,5 cm dick damit umwickeln, wobei Füße, Hände und Kopf ausgespart werden. Die Endstücke mit Klebeband befestigen.

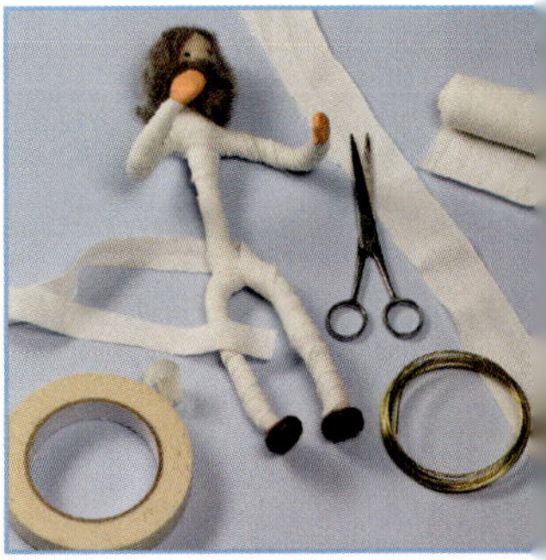

2 Für den Kopf die Styroporkugel mit weißer Filzwolle umwickeln und mit der Filznadel anfilzen. Die Kugel mit dem Feinstrumpf überziehen, unten verknoten, den Knoten nach hinten schieben, damit man ihn unter den Haaren verstecken kann. Mit schwarzem Stickgarn die Augen (ein Stich), mit rotem Garn den Mund (zwei Stiche) von hinten durch den Kopf aufnähen. Für die Haare Filzwolle mit der Filznadel auf dem Kopf anfilzen und dabei vom Scheitel ausgehend zu den Seiten arbeiten. Bei Josef den Schnurrbart mit der Filznadel leicht anfilzen und in Form schneiden.

3 Für die Kleider die Stoffstücke auf der Rückseite der Länge nach zur Hälfte legen. Die Schnitte von der Vorlage auf den Stoff übertragen. Darauf achten, dass die Vorlage mit der oberen Kante an die Stoffumbruchkante stößt und die Kleider zuschneiden. Die Nähte auf der Rückseite von Hand oder mit der Nähmaschine schließen, die Kanten umsäumen. Am Halsausschnitt nur ein kleines Loch einschneiden. Das fertige Kleid auf die Figur ziehen, das Halsdrahtstück durch den Ausschnitt im Kleid durchstecken und den Kopf dort aufsetzen. Dazu mit der dicken Nadel ein Loch in die Styroporkugel vorbohren.

WEITERFÜHRUNG

Die Heilige Familie

4 Bei Maria das Kopftuch an den Kanten 3 mm breit von Hand säumen. Den Kragen aus Schleifenband um den Hals legen und hinten zusammennähen. Aus hautfarbener Knete Hände, aus brauner Knete Schuhe nach Vorlage kneten und an die Drahtenden der Figuren mit etwas Kleber aufstecken. Josef den Bambusstab wie abgebildet in die Hände geben.

Jesuskind

Das Jesuskind in ein 15 cm x 15 cm großes Stück Flauschstoff wickeln, mit einem braunen Wollfaden das Bündel über Kreuz zusammenbinden. Eine Käseschachtel mit Moos bildet die Krippe.

Schafe

Für die Schafe die Köpfe von der Vorlage auf den Karton übertragen, ausschneiden und bemalen. Für die Beine vom Schaschlikstäbchen vier je 4 cm lange Stücke absägen. Den Korken längs nehmen, unten vier je 5 mm lange Schlitze mit einem Cutter anschneiden und die Beine dort einstecken. An der Frontseite mittig einen senkrechten, ca. 5 mm tiefen Schlitz einschneiden und den Kopf einstecken. Den Korken mit Filzwolle umwickeln und mit der Filznadel etwas verfilzen.

Krippenszene

→ aus Fotokarton

MOTIVHÖHE
ca. 45 cm x 35 cm

MATERIAL
- Fotokarton in Rot, Orange, Gelb, Hautfarben, Grün, Hellgrün, Blau, Hell- und Dunkelblau, Schwarz und Weiß, je A4
- Fotokarton in Hell- und Dunkelbraun, Dunkelgrün und Grau, je A3

VORLAGENBOGEN 3A+4A+4B

1 Alle Krippenteile von der Vorlage auf passenden Karton übertragen und ausschneiden. Zunächst die Figuren zusammenfügen, die Gesichter mit schwarzem Permanentmarker gestalten und auf dem entsprechenden Untergrund platzieren. Danach die vier Krippenteile zusammenstellen.

2 Um die Krippe aufzustellen, an den zwei Verbindungsstücken von oben Schlitze einschneiden und die drei Krippenteile an den gekennzeichneten Stellen in die Schlitze einstecken.

3 Zum Schluss die Palmen und Gräser anbringen. Damit das Papier sich kräuselt, die Blätter an der Tischkante entlangziehen und wie abgebildet von hinten an die Palmenstämme und Felsen ankleben.

Krippenfiguren

→ aus Toilettenpapierrollen

MOTIVHÖHE
Hirte ca. 12 cm

MATERIAL

- 10 Toilettenpapier- oder 5 Küchenpapierrollen
- 3 Wattekugeln, ø 4 cm
- 2 Wattekugeln, ø 3 cm
- je 1 Wattekugel, ø 2 cm und 2,5 cm (Jesuskind und Schaf)
- Bastelfilz in Hautfarbe, Bordeauxrot, Rosa, Braun, Dunkelbraun, Grau, Dunkelgrau, Schwarz, Weiß, Blau und Creme, je A4
- Acrylfarbe in Hautfarbe, Rot, Braun und Blau
- 12 Rohholzhalbkugeln, ø 8 mm
- je 1 Holzstab, ø 3 mm, 4 mm und 5 mm, je 50 cm lang
- Chenilledraht in Blau und Rot sowie 2 x in Braun, ø 5 mm
- Filzwolle in Grau, Braun und Weiß
- Holzperle in Schwarz, oval, 2,8 cm lang (Hirtenstab)
- je 4 durchgebohrte Holzperlen in Weiß (rund), Grau und Schwarz (länglich), ca. ø 1 cm, 1–2 cm lang (Tierhufe)
- Lochzange

VORLAGEN-BOGEN 3B

1 Für Maria, Josef und den Hirten je zwei Papierrollen auswählen. Die Rollen sollten ineinanderpassen und noch ca. 3 mm Spiel haben. Die äußere Rolle so kürzen, dass ein „Hals" entsteht. Ein 6 cm breites, dem Rollenumfang entsprechend langes hautfarbenes Filzrechteck zuschneiden und die innere Rolle an einem Ende mit 1 cm Überstand bekleben. Den Überstand nach innen umschlagen und fixieren. Für die äußeren Papierrollen den Filz etwas größer als die Papierrollen zuschneiden, wie oben beschrieben aufkleben und die Körper ineinanderstecken.

2 Für die Arme mit der Lochzange 2 cm vom Halsrand und im Abstand von ca. 5–6 cm je ein Loch stanzen und den farblich passenden Chenilledraht durchfädeln. Je zwei Holzstäbe mit 3,5 cm Länge zusägen und oben und unten eine Rohholzhalbkugel aufkleben. Nach dem Trocknen die obere Halbkugel mit Acrylfarbe bemalen. Zuletzt den Chenilledraht um die Holzarme wickeln.

3 Die drei großen Wattekugeln hautfarben anmalen und trocknen lassen. Die Gesichter übertragen und mit Lackmalstiften ausmalen. Eine Schablone aus Karton für den Umhang herstellen, auf Filz übertragen und ausschneiden. Den Umhang mittig an der Stirn ankleben, in Falten legen und die Falten fixieren. Den Kopf auf den Körper setzen.

4 Für den Hirten einen Holzstab zusägen, eine beliebige Holzperle aufstecken, festkleben und den Stab durch eine Chenilledrahtwicklung stecken.

5 Für das Jesuskind die Papierrolle auf ø 2,5 cm und 4 cm Länge verkleinern (siehe Tipp Seite 18) und mit weißem Filz umwickeln. Die braunen Filzstreifen kreuzweise auf den Körper kleben. Den Kopf auf ein ca. 3 cm langes Holzstück stecken, hautfarben bemalen und anschließend das Gesicht aufzeichnen. Den Umhang aus weißem Filz mittig am Kopf beginnend ankleben. Den Körper mit Filzwolle ausstopfen und den Kopf einstecken. Für die Krippe eine Papierrolle längs halbieren und auf eine Länge von 8 cm kürzen. Ein Filzstück mit den Maßen 15 cm x 10 cm zuschneiden und die Papierrolle umkleben. Etwas braune Filzwolle einlegen.

6 Für den Körper von Ochs und Esel je eine Papierrolle auf ø 3,5 cm und 7,5 cm Länge verkleinern (Schaf ø 3 cm und 5 cm lang; siehe auch Tipp Seite 18). Ein Rechteck aus cremefarbenem (Schaf), grauem (Esel) und braunem (Ochs) Filz so zuschneiden, dass er oben und unten an der Papierrolle ca. 1 cm übersteht. Die überstehenden Enden nach innen schlagen und festkleben. Den Körper mit Filzwolle ausstopfen und bei Ochs und Esel zusätzlich einen Schweif formen. Die Fellflecken ergänzen.

WEITERFÜHRUNG

Krippenfiguren

Die Wattekugeln für die Köpfe auf ein ca. 5 cm langes Holzstück stecken und hautfarben bemalen. Eine Schablone für den Kopf herstellen, auf Filz übertragen und ausschneiden.

7 Das Kopfteil aus Filz so aufkleben, dass die Schnauze frei bleibt und die Ohren entstehen. Diese können wie abgebildet entsprechend nachgeschnitten und mit rosafarbenen Filzresten ausgestaltet werden. Die Augen aus Filz ergänzen. Den fertigen Kopf schräg in die Filzwolle des Körpers stecken.

8 Auf der Körperunterseite von Schaf und Esel mit dem Messer je zwei Schlitze schneiden. Für alle Tiere jeweils vier Holzperlen auf zwei passende Holzstäbe (ca. 4 –5 cm lang) fädeln, festkleben und in die Schlitze drücken. Beim Ochsen die Holzstäbe zusätzlich mit braunem Chenilledraht umwickeln und an den Seiten festkleben.

Tipp: Variieren Sie den Umfang der Papierrollen, indem Sie die Rolle längs aufschneiden, einen Streifen Pappe abschneiden und die Rolle mit Klebestreifen innen und außen wieder zusammenkleben.

Metallprägefolie

→ der Weihnachtsbastel-Klassiker

MOTIVHÖHE
Engel ca. 18 cm

MATERIAL
- 4 Metallprägefolien in Gold, ø 0,15 mm, je 20 cm x 30 cm
- Metallmalstifte oder Acryllack in Rot, Grün, Gelb, Blau, Schwarz und Weiß

VORLAGENBOGEN 1B

1 Die Vorlage auf Metallfolie übertragen. Dazu die Vorlage auf Folie auflegen, mit Klebestreifen befestigen und alle Linien und Punkte mit Bleistift nur ganz leicht nachfahren.

2 Die Figur ausschneiden, auf eine weiche Unterlage legen und erst jetzt alle Muster prägen, d. h. auf der Rückseite nochmals mit Druck nachfahren. Bei Geschenken und Kronen die auf der Vorlage schraffierten Stellen ganzflächig prägen. Die Figuren wie abgebildet mit Farben bemalen. Zum Aufstellen das untere, gerade Stück an der geprägten Linie (diese nur ganz leicht andrücken, damit die Folie an der Prägung nicht abbricht) nach hinten biegen.

Weinkorkenfamilie

→ mit Stall, Hirte und Schafen

MOTIVHÖHE
Hirte ca. 8 cm
Stall ca. 15 cm

MATERIAL KRIPPENFIGUREN UND STERN

- 7 Weinkorken
- Acrylfarbe in Dunkelgrün, Braun, Hellblau, Weiß, Hautfarbe und Orange
- Bastelfilz in Weinrot, Grün, Dunkelgrau, Creme, Gelb und Hellblau
- 3 Wattekugeln, ø 25 mm
- Wattekugel, ø 15 mm
- Garnreste in Weinrot, Grün, Grau, Gelb, Braun und Schwarz
- spitze Nähnadel mit großem Öhr
- 12 Pompons in Weiß, 6 x ø 6 mm und 6 x 8 mm
- 8 Strohhalme, 4,5 cm lang (Krippe)
- 8 gebügelte Strohhalme, 6 cm lang (Stern)
- 5 gebügelte Strohhalme, 8 cm lang (Sternenschweif)
- 6 Rohholzhalbkugeln, ø 8 mm (Hände)
- Rohholzstab, ø 4 mm, 9 cm lang (Hirtenstab), 2 cm lang (pro Hals)
- Perlglanzfaden in Gold

STALL

- 4 Holzstäbe, ø 1,2 cm
- Zweigstücke, ø ca. 8 mm (Dach), 15 mm (Wände), je 14 cm lang
- Rindenreste für eine Fläche von 30 cm x 15 cm
- Bast in Creme und Braun
- Moos
- evtl. Gartenschere
- feine Holzfeile

VORLAGENBOGEN 3A

Krippenfiguren und Stern

1 Maria, Josef und den Hirten aus einem ganzen, die Schafkörper und das Jesuskind aus einem 2 cm langen Weinkorken basteln. Beim Schaf längs eine Rundung abschneiden. Für den Kopf je eine ca. 5 mm dicke Scheibe vom Weinkorken abschneiden und wie auf der Skizze abgebildet in Form schneiden.

2 Alle Korkenteile mit weißer Acrylfarbe grundieren und nach dem Trocknen wie abgebildet bemalen. Die Wattekugeln für die Köpfe auf einen Rohholzstab (Hals) stecken und hautfarben anmalen. Nach dem Trocknen die Gesichter auf die Köpfe übertragen, mit Lackmalstiften ausmalen und auf den Weinkorkenkörper stecken. Kopf und Körper der Schafe zusammenkleben und die Pompons aufkleben.

3 Für die Haare von Josef und dem Hirten ca. 4 cm lange Wollfäden in Braun und Schwarz längs nebeneinander aufkleben und am Hinterkopf in Form schneiden. Bei Maria die gelben Wollfäden quer über den Kopf aufkleben. Für die Hände je zwei Rohholzkugeln auf den Korken kleben und den Hirtenstab quer zwischen den Händen fixieren.

4 Eine Schablone für den Umhang herstellen, auf Filz übertragen und ausschneiden. Josef den Umhang in Falten umlegen, diese fixieren und mit einem Wollfaden am Hals verknoten. Bei Maria den Wollfaden entlang der Nählinien mit dem Vorstich durchfädeln. Anschließend durch Anziehen des Fadens den Umhang raffen und mit einer Schleife am Hals fixieren. Den Umhang fürs Jesuskind aus hellblauem Filz zuschneiden, wie abgebildet um Kopf und Körper legen und fixieren.

5 Die Krippe aus einem cremefarbenen Filzquadrat 5 cm x 5 cm ausschneiden und mit acht Strohhalmen bekleben. Aus gelbem Filz einen Kreis und einen Schweif ausschneiden. Die langen Strohhalme auf den Filzschweif kleben. Aus den kurzen Halmen zwei Vierersterne binden und die Enden spitz zuschneiden. Vor dem Zusammenbinden der Sterne den gelben Filzkreis dazwischenlegen. Zuletzt den Filzschweif an der Rückseite des Sterns befestigen.

WEITERFÜHRUNG

Weinkorken-familie

Stall

1 Für den Stallboden die Holzstäbe zu einem Rechteck von ca. 14 cm x 17 cm legen. Zwei cremefarbene Bastschnüre (je 60 cm lang) links und rechts um das erste Holzstück schlingen. Einmal unten und einmal oben entlangfädeln und fest verknoten. So weiter fortfahren.

2 Für die beiden Seitenteile und die Rückwand je acht Zweigstücke absägen und wie oben beschrieben verknoten. Je zwei dickere Zweigstücke auf die Höhe der Wände absägen und mit der Heißklebepistole auf die Seiten- und Rückwand kleben (Skizze 1). Für die Zweige den braunen Bast zum Knoten verwenden. Für das Dach dünnere Zweigstücke für eine Fläche von 14 cm x 28 cm zusägen und verknoten, sodass ein Satteldach entsteht.

3 Die einzelnen Wandteile auf dem Stallboden festkleben. Eventuell die Wände an den Berührungspunkten ebenfalls fixieren. Für die Dachstabilisierung vier Zweigstücke auf 7 cm Länge kürzen. Die Zweigspitzen auf einer Seite schräg absägen und je zwei Zweigstücke mittig vorne und hinten unter das Stalldach kleben (Skizze 2). Das Dach auf den Stall setzen und mit Rindenstücken bekleben. Zuletzt die sichtbaren Klebelinien mit Moos überdecken.

Papierkrippe

→ aus Fotokarton und Transparentpapier

MOTIVHÖHE
Stall ca. 21 cm

MATERIAL

- Fotokarton in Hautfarbe, Weiß, Creme, Beige, Gelb, Braun, Hellbraun, Violett, Hell- und Dunkelgrün, Dunkelrot, Hautfarben, Gold, Silber, Schwarz und Grau, A4
- Fotokarton in Dunkelbraun, A3
- Transparentpapier in Weiß, Hell- und Dunkelgrün, Violett, Gelb (2 x), Braun, Rot und Blau, A4

VORLAGENBOGEN 2A+3A

1 Die einzelnen Fotokartonteile nach Vorlage zuschneiden und wie abgebildet zusammenkleben.

2 Die Gesichter und Tierköpfe mit Bleistift vorzeichnen und mit Lackmalstiften nachziehen.

3 Mit einer Nagelschere ein Loch in die Motivinnenflächen stechen und diese ausschneiden. Das entsprechende Transparentpapier 1 cm größer als die ausgeschnittene Öffnung zuschneiden und auf der Motivrückseite aufkleben.

Tipp: Wenn das Fensterbild auch von außen schön aussehen soll, alle Fotokartonteile doppelt ausarbeiten und zusammenkleben.

Baumstammfiguren

→ einfach und bunt

MOTIVHÖHE
Josef ca. 20 cm

MATERIAL
- je 1 Holzstamm, ø 4 cm, 19 cm lang (zwei Könige), 20 cm lang (hinterer König und Josef) und 18 cm lang (Maria)
- je 1 Holzstamm, ø 3 cm, 16 cm lang (Engel), 11 cm lang (Hirtenjunge) und 9 cm lang (Schafe)
- Holzstamm, ø 2 cm, 6 cm lang (Jesuskind)
- Acrylfarben in Schwarz, Weiß, Violett, Rot, Orange, Blau, Hellblau, Grün, Braun und Gold
- Bastelfilz in Blau, Grün, Rot, Orange, Violett, Pink und Weiß
- Kordelschnur in Gold, ø 1,5 mm
- 2 Glöckchen in Gold, ø 1 cm
- 2 Federn in Weiß, ca. 7 cm lang
- dicke Nadel
- Naturbast in Grün
- Schleifpapier

VORLAGENBOGEN 1B

1 Die Holzklötzchen von der oberen Kante ca. 6 cm schräg nach unten mit der Laubsäge zuschneiden und die Fläche mit Schleifpapier glätten. Die Gesichtslinien von der Vorlage auf die Schnittfläche übertragen, bemalen und nach dem Trocknen mit schwarzem Lackmalstift die Konturen nachziehen.

2 Für die Mäntel der Könige und des Engels die Vorlagen auf Filz übertragen und zuschneiden. Für Maria, 22 cm x 15 cm; Josef, 22 cm x 16 cm; den Hirtenjungen, 15 cm x 8 cm; das Jesuskind, 10 cm x 6 cm, und die Schafe, 12 cm x 5 cm, nur ein Rechteck vom farblich passenden Filz zuschneiden.

3 Bei den Figuren (außer Jesuskind und Schafen) durch die Mäntel ca. 4 cm von der oberen Kante entfernt ein ca. 40 cm langes Kordelstück in 1,5 cm langen Abständen durch das Filzstück fädeln. Den Mantel umbinden und den Kragen in Form bringen. Beim Engel hinten am Mantel an beiden Seiten je ein 5 mm großes Loch einschneiden. Dort werden die zwei Federn eingesteckt.

4 Für die Schafe das weiße Filzstück um das Klötzchen legen und mit zwei Kordelstücken, je ca. 20 cm lang, hinten festbinden. Auf das obere Kordelstück das Glöckchen fädeln. Die obere und untere Filzkante nach unten bzw. oben umlegen.

5 Beim Jesuskind den Filz um das Holzstück legen und mit einer 40 cm langen Kordel zweimal über Kreuz den Stoff fixieren. Die Bastfäden zu einem Nest formen und das Jesuskind darauflegen.

Tipp: Eine kleine Holzkiste eignet sich sehr gut als Stall.

Weihnachtliche Kegelmännchen

→ niedlich

MOTIVHÖHE
Könige ca. 8 cm

MATERIAL
- 6 Figurenkegel, 7 cm hoch
- 1 Figurenkegel, 5 cm hoch
- Bastelfilz in Blau, Dunkelblau, Dunkelgrün, Braun, Dunkelgrau, Gelb, Zitronengelb, Orange, Rosa, Violett, Weiß, Schwarz und Creme
- Acrylfarbe in Rot, Dunkelrot, Gold, Silber, Weiß, Rosa, Braun, Dunkelbraun, Hellgrün und Grün, Orange, Hautfarbe, Gelb, Blau, Dunkelblau und Lila
- dünner Golddraht (Haare Engel)
- Papierdraht in Weiß, ø 2 mm, 20 cm lang (Heiligenschein) und 6,5 cm lang (Gürtel)
- 8 halbierte Rohholzkugeln, ø 8 mm
- Klebestift

VORLAGEN-BOGEN 3A

1 Die Köpfe aller Figurenkegel hautfarben bemalen. Die Körper anmalen und die erste Farbe trocknen lassen, bevor die nächste aufgetragen wird. Die Vorlage für Josef, König 1 und 2 (vorderer und mittlerer König) auf den Körper übertragen und wie abgebildet bemalen. Bei Maria, dem dritten König und dem Engel mit einem Bleistift auf einer entsprechend hohen Unterlage Linien durch Drehen des Figurenkegels auf den Körper zeichnen und ausmalen.

2 Die Vorlagen der Gesichter übertragen und mit Lackmal- und Buntstiften gestalten. Die Haare von Maria, Josef, König 1 und dem Jesuskind (Haarkranz) aus einem Filzstreifen, ca. 1 cm breit und 5 cm lang, ausschneiden. Den Filz mehrmals bis zur Mitte hin in 1–2 mm breite Streifen einschneiden und mittig an der Stirn beginnend nach hinten aufkleben.

3 Für die Kopfbedeckungen die Vorlagen aus Filz zuschneiden und aufkleben. Bei Maria den Hinterkopf mit Klebestift einstreichen und das blaue Kopftuch festdrücken. Den ersten Teil von Josefs dunkelgrünem Hut wie aufgezeichnet einschneiden und am Kopf festkleben.

4 Den zweiten Hutkreis so aufkleben, dass keine „Kopfhaut" mehr zu sehen ist. Bei König 1 und 2 die längste Seite des Filzdreiecks mittig an der Stirn beginnend aufkleben. Die so entstandene „Bischofsmütze" ebenfalls im Nacken festkleben. Anschließend die Filzstreifen bzw. die Krone um die Filzmütze legen und festkleben. Die Haare des dritten Königs kreisförmig und mittig wie angezeichnet einschneiden, aufkleben und mit einem weiteren Kreis die Einschnittstellen überkleben und die Krone aufsetzen.

5 Dem Engel die Haare und die Filzflügel aufkleben und aus Papierdraht einen Heiligenschein flechten. Ein weiteres Stück Papierdraht als Gürtel um den Körper legen und fixieren. Die Holzkugeln erst weiß, dann golden bemalen und nach dem Trocknen rundherum aufkleben.

6 Die Krippe aus cremefarbenem Filz ausschneiden. Für das „Heu" 2 cm breite Streifen aus braunem Filz zuschneiden, mittig ca. 1 cm breit mit Klebestift einstreichen und zusammenfalten. Die Filzstreifen nun auf der offenen Seite 5–6 mm weit über die ganze Länge schmal einschneiden und solange kreisförmig aufkleben, bis alles bedeckt ist. Anleitung Stall siehe Seite 22.

Figuren aus Pappmaché

→ und Flaschen

MOTIVHÖHE
ca. 26 cm

MATERIAL

- 5 Glasflaschen, ø 6 cm, 23 cm hoch (Personen)
- 2 kleine, flache Glasflaschen, ø 1,5 cm, 5 cm breit, 10 cm hoch (Schafe)
- kleine, runde Glasflasche, ø 2 cm, 10 cm hoch (Jesuskind)
- Acryllack in Schwarz, Weiß, Rot, Orange, Grün, Blau, Türkis, Violett, Braun, Grau, Hautfarbe und Gold
- Rundholzstab, ø 5 mm, 23 cm hoch
- Toilettenpapier
- Zeitungspapier
- Tapetenkleister
- dicker Borstenpinsel (zum Bestreichen mit Kleister)
- Haarpinsel (zum Bemalen)

VORLAGENBOGEN
2 B + 3 B

1 In einem Gefäß etwa 2 Esslöffel Tapetenkleister mit 1/2 L Wasser anrühren. Toiletten- und Zeitungspapier in 2 cm x 2 cm große Stücke reißen.

2 Die Flaschen nach der Vorlage zu Figuren formen, indem man diese mit ca. 1 cm großen Toilettenpapier-Kugeln beklebt. Durch das Ankleben und Bestreichen mit Kleister Kopf, Gesicht, Arme, Hände, Mantelteile und Geschenke formen. Die geraden Nasen, dünnen Kronen und Mützen aus flach zusammengelegten Papierstücken formen. Den Turban aus zusammengerollten Papierstücken in drei Ringen auflegen und oben eine gerollte Kugel aufsetzen.

3 Bei den Personen und Schafen die Flaschen am Boden nicht bekleben, damit sie gut stehen können. Nur beim Jesuskind beide Enden rund ausarbeiten. Nachdem die Figur grob geformt ist, diese komplett mit mindestens zwei Schichten Toilettenpapier bekleben. Zum Schluss die ganze Figur mit einer Schicht aus Zeitungspapierstücken bekleben, damit sie eine glatte Struktur bekommt. Nach dem Trocknen die Muster für Kleider und Gesichter mit Bleistift frei Hand oder mithilfe der Vorlage aufzeichnen und die Figuren wie abgebildet bemalen.

Salzteigkrippe

→ ganz einfach zu modellieren

MOTIVHÖHE
Josef ca. 5 cm

MATERIAL
- Salzteig (siehe Rezept Seite 32)
- Wasserfarben
- Acrylfarbe in Braun, Violett, Hautfarbe und Hellblau
- Bastelfilz in Dunkelgrün und Senf
- Filzwolle in Creme, Grau und Braun
- Messer, Modellierwerkzeuge

VORLAGEN-BOGEN 4A

Maria, Josef & Jesuskind

Für die Körper je einen Kegel von 7 cm, 6 cm und 3 cm formen. Als Kopf je eine Kugel herstellen und auf den Kegel setzen. Die Arme aus einer 1 cm dicken Rolle, die an den Körper gelegt wird, formen. Für die Hände je eine Kugel formen und zwischen den Armen festdrücken. Bei Josef die Kugel halbieren und die Hände nebeneinander ansetzen. Nach dem Backen die Gesichter und die Hände mit hautfarbener und die Körper mit brauner bzw. violetter Acrylfarbe bemalen. Den Körper des Jesuskindes in Hellblau gestalten. Die Gesichter übertragen und mit weißen und schwarzen Lackmalstiften wie abgebildet gestalten. Braune bzw. weiße Filzwolle als Haare bei Josef und dem Jesuskind aufkleben. Anschließend aus Filz die Kopftücher mithilfe der Vorlage ausschneiden und um den Kopf binden. Für die Krippe ein flaches Oval von 6 cm x 4 cm formen, eine Vertiefung modellieren, und nach dem Backen mit brauner Acrylfarbe anmalen.

Ochs und Esel

Für den Körper ein flaches Oval, 7 cm x 3,5 cm (Esel), 6,5 cm x 5 cm (Ochs), formen. Den Kopf wie eine Erdnuss (Esel) bzw. aus einer Kugel (Ochs) modellieren. Die Ohren aus zwei Dreiecken (Esel) bzw. einer Rolle (Ochs), die in der Mitte geteilt, etwas flachgedrückt und mit einem Messer mittig etwas eingedellt wird, formen.

Die Hörner des Ochsen aus einer Rolle formen, teilen, die Enden spitz zulaufen lassen und alle Teile am Kopf ansetzen. Für die Hufe zwei Quadrate (Esel) bzw. zwei Rechtecke (Ochs) diagonal durchschneiden und an den Körper setzen. Nach dem Backen und Auskühlen mit grauer (Esel) bzw. brauner (Ochs) Wasserfarbe das „Fell“ malen, indem für die Hufe wenig und für den Körper viel Wasser verwendet wird. Die Schnauze und die Ohrinnenflächen mit hautfarbener Wasserfarbe bemalen. Nach dem Trocknen ein Filzwollebüschel zwischen die Ohren setzen und einen Schweif am Körperende festkleben.

Schaf

Für den Kopf ein Oval, 3 cm x 2 cm, formen. Für die Ohren eine kleine Rolle formen und teilen. Jeweils ein Ende spitz auslaufen lassen und am Kopf befestigen. Den Körper aus einem Oval, 5 cm x 4 cm, formen, etwas flachdrücken und den Kopf darauf befestigen. Nach dem Backen das Gesicht wie abgebildet aufmalen und den Körper mit cremefarbener Filzwolle umwickeln und an einigen Stellen festkleben.

WEITERFÜHRUNG

Salzteig-krippe

ZUTATEN

- 1 kg Mehl
- 1 kg Salz
- 2 Esslöffel Öl
- 600 ml Wasser

Salzteig – Rezept

1 Mehl, Salz und Öl mischen. Wasser nach und nach zuführen und mit den Knethaken des Handrührgeräts verkneten. Den Teig auf eine glatte Unterlage geben und von Hand ca. 5–10 Minuten kneten. Der Teig sollte nicht mehr an den Fingern kleben und eine weiche, aber feste Masse sein.

2 Nach dem Formen die fertigen Teile je nach Stärke 3–4 Stunden im Backofen bei 150 °C backen. Nach dem Auskühlen können die Figuren bemalt werden.

Tipps: Während des Modellierens kann angetrockneter Salzteig schnell wieder mit warmem Wasser formbar gemacht werden. Etwas Wasser ist auch hilfreich, wenn z. B. zwei Körperteile zusammengesetzt werden.

Salzteig, der gerade nicht gebraucht wird, in Alufolie einschlagen und je nach Bedarf abschneiden und modellieren.

DIESES BUCH ENTHÄLT 4 VORLAGENBOGEN
Hilfestellung zu allen Fragen, die Materialien und Bastelbücher betreffen: Frau Erika Noll berät Sie.
Rufen Sie an: 05052/911858*
*normale Telefongebühren

IMPRESSUM

MODELLE: Kornelia Milan (Seite 3, 5, 11–15, 19, 24/25, 29), Tanja Wechs (Seite 2, 6–9, 16, 20–23, 26, 30–32).
FOTOS: frechverlag GmbH, 70499 Stuttgart; Fotostudio Ullrich & Co., Renningen
DRUCK: frechdruck GmbH, 70499 Stuttgart

Auflage: 5. 4. 3. 2. 1.
Jahr: 2012 2011 2010 2009 2008 [Letzte Zahlen maßgebend]

ISBN 978-3-7724-3719-9
Best.-Nr. 3719